JN408769

기억, 숨 쉬는 흔적

도서출판 해 암

국화차를 마시며

기억, 숨 쉬는 흔적

| 다섯 번째 시집을 내면서 |

기억의 흔적은 쉬이 지워지지 않는다
멀어져도 늘 상 가까이 서성이며 잠들지 않는 기억들
떠올릴 수 있는 지난 기억과 뒤 돌아 볼 수 있는
그런 흔적이 있음은 더없이 소중하고 다행스런 일이다
많은 시간이 지나도 내안에 살아있는 지난날의 기억들은
언제나 아쉬움과 애틋함으로 남아 있다
초록빛살 내린 투명하고 푸릇했던 날
여리고 작은 움직임에도 가슴 떨며 순수했던 시간들
함께했든 눈부신 날들의 기억들은
그리움이 되어 갈잎으로 흩어지고 있다
이제는 몸과 마음 다 내려두고 미처 다하지 못하고

미루어 두었든 일과 고맙고 소중한 인연들을
돌아보고 챙기며 살아가고 싶다
내가 가야할, 발걸음 내 딛을 수 있는
삶의 부피와 거리를 가늠해본다
무디어지고 느슨해져도 깊고 사려 깊은 모습으로 머물다가
의미 있는 자취 남기며 고운 노을빛처럼 저물어 가고 싶다
마지막이 아름다운 그런 흔적으로.

2013년 12월

慧林 장기연

| 차 례 |

1부 기억의 숲에 들다

2부 인연, 그것의 이름

3부 일상으로의 만남

4부 떠남으로의 충만

5부 풍경소리 들리는 곳

6부 계절이 머무는 자리

7부 축시모음

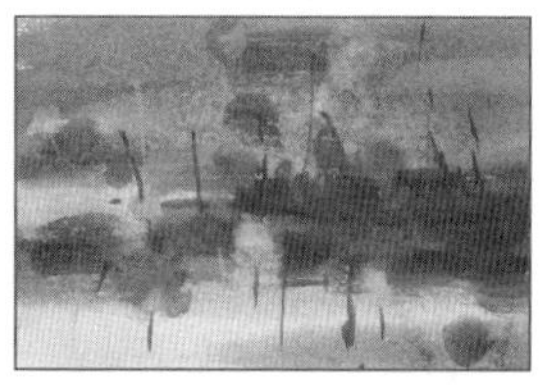

표지그림 시인 임달오

1

기억의 숲에 들다

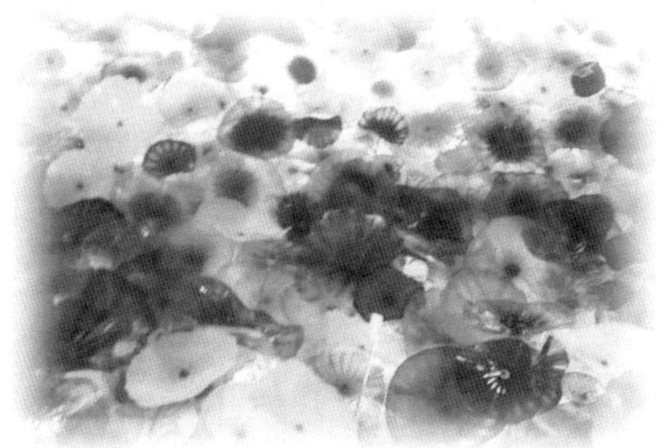

기억의 시간 1

허허로운 들녘에 남겨진 적막함
멀어지고 사위어 가는 기억을 헤집고
소리 없이 다가서오는 지난 시간의 잔상
적막한 일상의 시간을 딛고
헝클어진 얼굴을 내미는 기억들
눈시울 뜨거워지는 저릿함들이
기억 속으로 눅눅히 젖어들고 있다
눈을 감고 머리를 내저어도
털어낼 수 없었던 흔적, 그 아픔의 순간들
비워져 가는 가슴으로 불어오는 아린 바람소리
내칠 수 없는 기억의 날들.

기억의 시간 2

아무리 도리질해도 어김없이 다가서는 기억
또다시 무언의 공간을 떠도는 흔적을 만나고
덧없고 허허로운 사람과의 인연
비워내야 함을 알면서도 담아두었던
부질없는 환상에 잠긴 물그림자 같은 모습
저릿하고 서글퍼지는 시간이다
묻혀진 날의 기억들이 꿈틀거리며 다가서고
살아가는 동안 한번은 꺼내어 들어내고 펀 날
먼 시간 속을 헤매는 기억의 시간
체념해버린 하루가 떠나가고 있다.

기억의 시간 3

가슴에 담긴 지난 시간 들추면
기억 안에 머물고 있는 영혼을 흔들고
떨림의 시간, 그 순간을 준 사람
떠올림만으로도 마음 덥혀주는 시간들
버릴 수 없는 기억 속에 살아있는
영혼을 적신 저릿한 추억으로 남은
가끔은 뒤적일 수 있는 이야기들
함께 할 수 없지만 삶의 파동이었고
떠올리는 기억만으로도 고마움이 되는
그런 소중함이다 언제나.

기억의 시간 4

기억 속에 살아있는 날을 뒤적이면
지워지지 않고 감겨드는 숨 쉬는 기억들을 만난다
오랜 시간의 흔적을 넘어 햇살처럼 다가온
진솔하고 간절한 그 마음을 만나고
내칠 수없는 이끌림
거침없이 출렁인 흔들림의 시간들
들어 내버린 속내 감추지 못해
소리죽인 갈망으로 지새운 날들
다가옴도 다가감도 두려웠든 시간
마주할 수 없었든 혼돈스러움으로
모든 느낌 구김 없이 내려두고
겨운 통증 삼키며 멈추어야만 했든
침잠되어버린 날의 그 기억들.

흔적 1

담아두었던 기억 벗기며 흔적을 지워낸다
부질없음인 줄 모르지 않건만
끝내 부인할 수 없었던 흔들림의 순간
홀로 있음에 울컥 치미는 속울음 삼키면
빈 들녘 헐벗은 몸으로 드러누운 짚단더미처럼
씨알을 다 털어버린
알몸 들어낸 허허로움이 한순간 몰아쳐온다
그립다 그 사람이
슬며시 손 잡아주던 따뜻함이 그립고
내게로 향했던 눈빛, 그 절절함이 그립다
어느 뉘 있어 그대 같으며 그런 간절함일까
가슴 먹먹히 차오르는 아릿한 기억
내려두지 못한 지난날의 잔영 그 흔적들.

흔적 2

기억의 문을 닫아도 또다시 다가서는 흔적들
긴 시간은 아니라도 그날을
담아두고 있을는지 그 사람은
불현듯 다가선 그리움으로 가슴 떨었던 시간
그를 향해 내 딛지 못해 주춤거린 마음을
떠올리고 있을는지 그는
눈 감고 가슴으로만 삭혀야 했던 사람
시선을 거두고 흔들림 마저 내려두어야 했던 날
그는 알고 있을는지 그때의 허허로움을
가끔은 생각하고 있을는지
쉼 없이 서성이며 휘도는 기억의 시간들.

기억의 잔상

멀어져간 시간 속에 묻혀버린
떠올리면 아려오는 기억들
거부할 수 없는 이끌림, 그것의 부피와 통증
휘몰아친 바람에 뒹구는 바스러진 갈잎의 잔해
떠도는 구름처럼 덧없이 허물어져간 자취
생각하면 울컥 치미는 시린 흔적들
잊히지 않는 날의 지워지지 않는 기억
또다시 그를 보다.

해후

먼 시간의 터널을 건너온 만남
묻어 둔 기억 딛고 바람처럼 불어온
가슴 깊이 묻혀있던 사람, 그와의 해후
꿈결같이 들려온 흔들리는 그의 음성
언제나 살아 있었던 지난날의 애틋한 잔상
생각만으로도 가슴 아릿해오는
더없이 풋풋하고 순수했던 시간들
어디선가 한번은 살아있는 동안
언젠가 만나고 싶었던 사람
지워버리지 못해 서성이는 아련한 흔적들
다시금 그를 기억하다.

2
인연, 그것의 이름

인연 그리고 1

그를 보았다, 문으로 들어서는 그를 본 순간
놀라움과 당혹스러움을 감출 수 없었다
예측하지 못한 곳에 홀연히 나타난 사람
허둥거린 마음 가눌 수 없어
애써 담담하려해도 멈추지 못했다
이런 마음 그도 다르지 않았으리라
십년의 시간이 지나버린 자리
"인연이 있다면 언젠가…그것은 알 수 없다"라는
그의 말처럼 형언할 수 없는 느낌이
혼돈스럽게 교차한 순간
한번의 마주함도 없었기에 도무지 믿기지 않았다
언젠가 한번은 마주할 것 같았던 사람
그렇게 그를 만났다
꿈같이 바람같이 스치듯 그렇게.

인연 그리고 2

많은 시간이 지나가버린 자리
아무런 말도 하지 못했다, 어떤 말도 할 수 없었다
생각마저 정지되어버린 아득함
쉬이 메울 수 없는 오랜 시간의 틈새
그 거리를 보며 가슴 저릿함을 느꼈다
눈 감고 내딛다 그냥 멈추어 버린 날
마음 가누기 버거웠던 시간이 흐르고
힘겹게 열었든 마음의 문을 닫으며 가슴앓이를 했었다
누적된 통증 그 허물을 벗기며 지나온 시간
가라앉은 날의 허허롭고 덧없는 인연
저만큼의 거리에 우뚝 서있는 사람
아득해진 그 간격을 보며
담고 있었던 그를 내려두기로 했다
그래야만 했었다 이제는
멀어져간 날의 인연 그리고…

별리 1

함께일 때 하지 못하였던 말
그가 있을 때 들려주지 못했던 마음
그대가 준 사랑처럼 나도 그랬었고
무척 고마웠다고 말해주고 싶다
떠나버린 시간을 꺼내어 볼 때마다
눈시울 적시며 뭉클함으로 오는 기억들
내게로만 향해 모두 열어놓았던
그대 따뜻한 온기 아프도록 그립고
그대만큼 나도 그랬었노라고 전해주고 싶다
끝내 표현하지 못한 무딘 내 마음을
말하고 싶다 그에게 이제라도.

별리 2

들어내지 못한 속내 풀어내며
일상을 만나다
함께했던 설렘의 순간마저
다 들추어 내지 못하고 돌아서 오던 날
나눌 수 없었던 많은 얘기
머문 날의 틈새에 그대로 묻어두고
허물을 벗듯 지난날의 자국을 지워낸다
지나온 시간을 넘기듯
하루가 가고 또 하루가 허물을 벗으면
만남과 헤어짐의 아린 시간들이
긴 흔적을 남기고 떠나고 있다.

별리 3

떨림으로 함께했던 시간의 흔적들
털어내지 못한 아쉬움 남겨두고 애틋한 마음
그 여운마저도 담담히 내려둔 날
팔베개하고 누워버린 지난날들
어께를 들먹이는 통증의 여진
그 저릿함이 다시 몸을 일으키고 있다
외면하지 못한 간절함 등 뒤로 두고
불어오는 바람에 허허로운 미소로 포장하며
처음의 시간으로 돌아서야만 했다
그것이 서로를 위함이기에
멀어져야만 했다 그렇게.

사랑, 그것은 2

사랑이란
떨쳐낼 수 없는 궁금함이고
내칠 수 없는 그리움이다
생각만으로도 가슴 덥혀주고
설레고 벅차오르게 함이다
사랑한다는 것은
지워 버릴 수 없는 간절함이고
끝없이 다가서오는 기다림이다
번민과 환희가 공존하는
오랜 시간이 가도 바래지지 않는 기억이다
잠재울 수 없는 흔들림이며
무어라 말할 수 없는 행복함이다
사라지지 않는 그런 황홀한 기억이다
사랑 그것은.

동행

가슴과 가슴이 잇닿은
마음과 마음이 마주보는 시선으로
아무 말하지 않아도
느낌으로 전할 수 있는 진실함
그런 맘으로 바라볼 수 있다면
생각의 무게를 물으면
그 마음의 부피를 말해주고
버거움에 그만 멈추려 해도
그냥 묵묵히 투정으로 받아주며
굳이 들어내어 표현하지 않아도
다감하게 다독여줄 수 있다면
마음과 마음이 이어지는
고요하고 따스함으로 전해지는
변함없이 내게로 향한 간절함으로
마음의 눈빛 전할 수 있는
그런 동행일 수 있다면.

마음의 거리

그런가 보다 산다는 것은
마주할 수 없는 생각의 엇갈림으로
담아두고 못다한 말, 그 서운함의 무게도
바램과 기대를 모두 놓아버리면
가만히 내려두면 가벼워 질 수 있으려나

그런가 보다 산다는 것은
감내하기 힘겨웠던 날
좁히지 못해 틈새에 스민
마음과 마음의 거리도
오랜 시간이 지나가면
멀어진 간격 메워갈 수 있으려나

그런가 보다 산다는 것은
먹먹히 차오르는 아픔도
그대로 삭히고 걷어낼 수만 있다면
남겨둔 상흔 치유될 수 있고
돌아보지 않고 버려둔다면
버거웠던 무게들도 비워낼 수 있으려나.

3
일상으로의 만남

모딜리아니 그를 만나다

속된 감정과 신비로움
투명하나 두터운 베일에 감추어진 화가 모딜리아니
베트남 고무나무 숲에서 얻은
가녀린 목과 긴 얼굴의 코 선이 두드러진
봉긋한 가슴과 등의 곡선이 들어나는
정교하고 부드러운 나신의 여인상
두 손을 가지런히 모으고 앉은 다소곳함
그가 사랑했던 연인의 모습을 닮은
선율처럼 아름다운 나무 조각상이다
너무도 감각적인, 감각 너머의 세계를 그리는 화가
그림으로 시를 표현하고 그려낸
모딜리아니, 그의 감성을 만난다
파란색의 신비와 궁핍, 처절한 고독에 허덕이다
젊은 나이에 쓰러진 불우한 화가
무한한 대화를 나누다 피안의 세계로 떠난
화가 모딜리아니 그를 생각한다
다시금 그를 만나다.

길을 가다 1

걷고 걸어도 멎지도 않고 이어지는
발걸음 닿는 곳이 그대로 길이 되는
시작도 끝도 없는 길
가늠할 수 없는 시간의 부피와 누적된 기억들이
삶의 흔적처럼 켜켜이 쌓이는 곳
걷다 막히면 되돌아서도 다시금 길이 있는
걸으면 걸을수록 길은 이어지고
늘상 끝이 없는 그 길을 만나다
시작과 끝이 다르지 않듯이 마지막이 보이지 않는
무시무종이다, 길은 언제나
끝남은 또 다른 시작의 의미이기에
다시금 걸어가고 있다
이어지는 이 길을 따라서.

길을 가다 2

묵묵히 걸어가고 있는 것이다
살아간다는 것은
길을 걷다보면 오르막도 있고
평탄한 내리막길도 만나게 된다
가파른 길이 벅차고 힘겨움이 있지만
편안하게 내려오는 길을 다시 만나기에
보람의 부피를 느끼며 살고 있다
살아온 자취들이 발자국마다 스며들고
들추지 않아도 삶의 흔적이 되고
바래지지 않는 깊은 상흔도 먼 시간이 지나면
멀어진 날의 아린 추억으로 남겨지기에
길을 걸어간다는 것은
조용히 살아가고 있는 것이다
살아가고 있다는 것은
잠잠히 걸어가고 있는 것이다
쉼 없이 그렇게 가고 있는 것이다.

비오는 날 1

낮게 드리운 잿빛 하늘이 빗물을 머금고 있다
이슬비 꽃잎처럼 내리는 젖은 오후
인적도 없이 텅 비워진 정류장엔
쉼 없이 내닫는 자동차들의 물결
포말처럼 밀려드는 그 흐름을 보며
스쳐버린 날들의 흔적을 만나다
한순간의 멈춤도 없이 이어지는 흐름들
스치는 시간의 틈새 사이로
파란 이끼처럼 돋아나는 기억의 잔해
소리 없이 찾아드는 저린 삶의 자국들을 본다.

속내를 앓다

사소함이 괜시리 서운함으로 다가올 때
가라앉히지 못한 속내 터트리고 말았다
잠재우지 못해 들추어버린 울먹임들
가슴앓이로 고스란히 풀어내고 나니
숙성되지 못한 모습, 내보인 것 같아 편치 않다
연륜의 무게만큼 알아도 모르는 채
거슬림도 눈감아 줄 수 있으련만 그러지 못했다
묻어두고 넘길 수 있는 그런 마음의 그릇에
깊이와 여유를 담을 수 있어야 하리라
좀 더 넉넉함으로 생각의 폭을 넓히고
다독이고 감싸주며 그렇게 살아가야 하리라.

거리 1

버거워지는 연륜이 무겁고 시린 날
어디선가 불어오는 허허로운 바람소리
보도 위를 구르며 먼지처럼 흩어지는 낙엽들
검은 매연을 꼬리에 물고 달리는 자동차들의 굉음
눅눅한 기억 속에 지난날이 되어 살아있는 이곳
허물어지려는 마음 쥐고 하염없이 헤매든
눈시울 적시며 걸었던 이 거리
문득 낯설고 허허롭기만 하다
가쁜 일상에 쫓긴 사람들의 발길에 채인
갈잎의 처절한 절규가 들리어온다
잔설처럼 남아있는 지난 시간의 자국, 그 흔적들
움츠린 계절은 초라한 뒷모습을 보이며
황급히 멀어져 가고 있다.

삶의 흔적

삶이 남루하지 않고
마지막이 아름다운 그런 사람이고 싶다
나이 들어감이 흉하지 않고
아름다운 노을빛 품어내며 사라지는
낙조처럼 곱게 살다 가고 싶다
살아온 흔적이 구차하고 눅눅하지 않게
고요하고 정갈하게 갈무리해가며
연륜만큼의 여유와 넉넉함으로
삶의 자국 조용히 챙기고 반추하며 살고 싶다
단풍잎처럼 아름답고 노을처럼 황홀하게
당당하고 기품 있게 나이 들고 싶다
마지막 흔적이 고운, 그런 모습으로 남고 싶다.

무채색 커튼을 걷어내며

오랫동안 걸어둔 흰 커튼을 내리고
황금빛 감도는 기품 있는 색으로 바꾸었다
누렇게 바래져 가는 아이보리색 커튼이
퇴색해가는 모습을 닮은 것 같아 서글프기도 했다
무채색이 아닌 진보라, 자주색 와인브라운 등이 좋고
근래엔 금색도 눈에 들어온다.
들어나지 않는 은은한 것이 좋았었는데
곱고 화사한 것에 마음이 가고 좋아 보인다
스산해지고 허허롭던 느낌들이
커튼만 바꾸었는데 한결 밝고 포근해진다
유채색 고운 빛이 좋아지고 있다는 것은
점점 나이 들어가고 늙어감이라는데
정녕 그런가 보다.

그런 사람으로

생각만으로도 가슴 따뜻해지고
떠올림만으로도 설레고 행복해지는 사람
멀리 있어도 가까이 머무는 것 같은
만나지 않아도 늘 상 맘 깊이 자리하는 사람
지난 기억만으로도 소중함이 되는
그런 사람, 그런 만남이고 싶다

누군가의 오랜 그리움이 되는
그윽하고 다감한 시선을 담고 있는 사람
가슴 덥혀주고 사려 깊은 마음을 지닌
아름답고 소중함으로 기억되는 사람
영원한 이름으로 언제나 살아있는
그런 사람, 그런 그리움으로 남고 싶다.

법원 통로

두런두런 발자국 소리 들리는 법원 통로
고단함과 버거움이 물같이 일렁이는 곳
무겁고 어수선한 생각에 짓눌린 고달픈 사람들
복잡하고 다양한 일에 얽힌 사건 속을 헤매는
그들의 모습이 고스란히 담겨있는 통로
소송을 준비하고 황급히 법정을 오가며
원고가 되고 피고가 되는 사람들
움츠린 굽은 등과 무덤덤하게 굳어버린 표정들
항소를 준비하는 그늘지고 황망한 모습들
걷어지지 않고 눅진히 묻어있는
근심의 부피들이 그들을 무겁게 짓누른다
누적된 삶의 무게가 힘겨운 지친 사람들
허덕이는 숨결 애써 가누며
무거운 걸음으로 법정을 향하고 있다.

병실 체험 1

– 골절진단

일없이 서두르다 어긋나버린 발목 부상
시퍼렇게 멍들고 흉하게 부어오른
발등 부위에 기브스를 했다
모든 일상들이 골절진단으로 멈추어졌고
두텁고 딱딱한 기브스의 벽속에 갇혀버렸다
어이없이 멎어버린 시간과 공간
쉼 없이 나돌았던 날들
맥없이 늘어진 나날들의 아우성 소리
숨을 멈추어버린 하루들이
부서진 발등의 진통만큼 몸부림을 치고 있다
일상의 허덕임에서 벗어나게 하려고
잠시 내려두고 쉬어가게 하려나 보다.

병실 체험 2
– 정지된 시간

힘없이 드러누운 하루들이 가라앉고 있다
초록 기브스의 덫에 갇혀 정지된 시간
쉼 없이 내닫기만 하다
예고 없이 멈춰버린 일상들의 침잠
주저앉아 정지된 하루들이 호흡을 멈추고
긴 숨결을 가누고 있다
얼마나 시간이 지나가야 풀려날 수 있으려는지
가늠할 수 없는 시간이 흐르는 자리에
온몸 늘어뜨리고 힘없이 비틀거리는 흔적들
늘어져 버린 일상들이 몸을 가누지 못해
휘청거리고 있다
두 눈 감고 숨죽이며 걸어가고 있다.

치유의 시간 1

어이없이 찾아든 당혹스런 병명 앞에
그냥 망연자실하였다
아무런 생각도 나지 않았고 말을 잃고 말았다
바람소리도 멈춘 적막한 시간 사이로
흩어지고 소멸되어 홀로 떠 있는 이 느낌
챙기지 못해 허물어져 버린 육신으로
막막하고 참담한 일상들이
초점을 잃어버린 시선처럼 허덕거리고 있다
맥없이 주저앉아 버린 정지된 날들
헐떡이는 숨결마저 무겁게 굳어버린 병실
수많은 사람들이 머물다 흩어져 간 이 공간
한순간에 파고든 내칠 수 없는 이 존재로
비틀거리고 무너지는 나를 본다.

허무

호흡마저 멈추어 버린 듯 적막한 날
전화벨 소리도 잠잠히 졸고 있는 시간
티브이를 열어두고 멍하니 앉아 있어도
머릿속은 더욱 무겁게 헝클어져 가고
일상의 움직임 그 약속마저도 비워진 공간
가슴 밑으로 치밀어 오르는 허허로움들이
온몸을 휘감으며 조여든다
허무의 뜰을 메우는 시린 바람소리
점점 여위어가는 존재감들이
균형을 잃고 비틀거리고 있다.

일상 2

하루의 어깨에 기대어 일상을 걷는다
버릴 수도 내려둘 수도 없는 것이라면
가만히 바라보며 품고 가리라
적막하고 허허로운 날
떠나버린 것이 아쉽고 그리워지는 날이면
붐비는 사람들에 묻혀 지치도록 걸어보리라
눅눅한 일상으로 가슴 막혀오면
푸른 물결 출렁이는 바다로 가리라
그립고 간절한 마음 모두
살아온 자취처럼 덧없음을 알기에
잠들지 못했던 불면의 시간에는
명상음악의 선율 속에 빠져보리라
몸도 마음도 내려 놓아버리면
가만히 내려두고 바라볼 수 있다면
나를 짓누르는 일상의 무게에서
한결 가볍고 홀가분해지리라.

기차역에서

보슬비 내리는 날
산허리에 걸려있는 구름자락에 잠시 감겨 있다
내려야 할 역을 지나쳐 버렸다
비에 흠뻑 젖은 바깥 풍경에 잠겼다 깨어보니
이미 밀양역을 지나고 있었다.
일없이 대구역까지 갔다 되돌아 오면서
멍청함에 웃음만 흘리었다
오가는 이들의 발자국이 엇갈리는 밀양역
만남과 헤어짐의 아쉬움이 빗물처럼 스미는
좁은 대합실을 가득 메운 사람들의
웅성거리는 지친소음과 눅눅한 바람소리
비는 쉼 없이 내리고
비에 젖은 일상들이 눈을 감고 졸고 있다.

4
떠남으로의 충만

체코 프라하 1
– 프라하 야경

하늘색 물감을 풀어놓은 프라하의 하늘
웅장하고 섬세한 천년고도의 건물과
예술가의 혼이 스며있는 곳
밤이 되어야 그 모습을 다 보여주는
이 도시와 호흡할 수 있는 시간이다
어둠 속에서 더욱 빛이 나는
아름다운 백탑의 도시 프라하의 야경
반딧불이같이 신비로운 빛을 품는 프라하 성
격동기의 현장 구시가지 광장과
숙성된 시간의 체취가 불어오는 볼타바 강
아름다운 소망의 다리 카를 교
이곳으로 떠나옴의 갈망, 그 충동을 느끼게 하는 곳
볼타바 강이 흐르는 꿈의 도시 프라하
역사와 예술 그리고 사랑의 숨결이 들리는
아름답고 영롱한 치명적인 유혹의 도시
프라하의 환상에 깊이 빠져들다.

체코 프라하 2
- 카를교와 프라하성

기대와 두근거림으로 카를교 위에 서다
다리 난간에 기대어 밀어를 나누는 연인들
멀리 프라하 성의 웅장함이 들어나고
신비한 빛과 색의 조화 그 의연함이 돋보이는
짙고 푸른 밤하늘을 배경으로 찬란하게 일어서는
어스름 저녁이면 불 밝히는 프라하성
볼타바 강에 걸쳐진 아름다운 다리 카를교
만남을 약속하고 추억을 남기는 보행자들의 다리
성스러운 성인들의 동상과 많은 전설이 담겨있는 곳
거리의 예술가들이 펼치는 음악의 향연
선율은 멈추지 않고 경쾌하게 어우러지고
음악가들과 많은 관람객이 모여들어
신나는 연주로 하나 되는 다리 위의 사람들
프라하 성과 카를교에서.

체코 프라하 3
– 천문 시계탑

오랜 세월의 깊이를 전하는
속 깊은 이야기가 담겨있는 프라하 거리
황금소로의 골목과 역사적인 격동기의 현장
그 숨결이 묻어있는 구시청사 광장
오백년 전에 만든 감히 흉내 낼 수 없는
기발하고 아름다운 천문 시계탑
매 시간마다 종이 울리면
십이사도 인형들 그 움직임을 보려고
광장 시계탑 앞으로 몰려드는 수많은 관광객들
시선과 호흡을 멈추고 순간을 기다리는 사람들
편안하고 아름다운 것이 가장 힘이 강하다는
그 말이 문득 떠올려지는…

체코 프라하 4
– 카프카의 프라하

이곳을 떠나본 적 없는 카프카 그의 도시 프라하
해결보다 좌절 그리고 초현실주의
카프카 소설의 무대였던 프라하 성
폐결핵이 깊어가는 그에게
'어둠속에서도 빛이 되는 빛 같은 존재' 라고 표현한
여주인공인 연인 밀레나와 머물렀던 집은
'카페 밀레나' 의 이름으로 그 자리에 남아 있다
천재 소설가의 절규, 그 외침소리가 들려오는 거리
하늘색의 작은 집의 골목길 돌며
카프카 그의 해묵은 흔적들을 만나려 한다
꿈의 프라하 그곳에서.

헝가리 1
– 부다페스트

오래된 그림같이 아름다움을 지닌 물과 불의 도시
도나우 강의 진주 수도 부다페스트
웅장하고 중후한 도시의 건물들
허름하나 운치 있고 편안함을 주는 곳
공원의 나무의자에 기대어 일광욕을 즐기는 사람들
천년의 시간을 기념해 만들은 영웅광장
도시의 전경이 내려다 보이는
예술작품 같은 어부요새
풍부한 자원과 헝가리 영광의 상징인 유적들이
잘 보존된
평온한 도시의 풍경이 고풍스럽고 아름답다
헝가리 무곡을 타고 흐르는 전통 민속춤으로
흥겨움이 출렁이는 부다페스트 그곳에서.

오스트리아 1
– 음악의 도시 비엔나

영혼을 울리는 도시, 클래식 음악의 성지
감미로운 클래식이 귓전을 흐르는 도시 비엔나
우아함과 귀족적인 품격을 간직한 곳
곳곳에 잔설이 남아있는 오스트리아의 삼월
노천카페에서 커피를 마시며 담소를 하는 사람들
많은 관광객과 젊은이들이 술렁이고 있다
거리공연과 악사들의 연주와 왈츠 음악이 이어지고
요한 스트라우스와 베토벤, 모차르트
세계적 음악가들의 발자취를 더듬으며
중세 건물이 늘어선 구시가지 거리를 휘돌다
클래식에 젖어 있는 음악의 도시 비엔나는
아름다운 선율로 출렁이고 있다.

오스트리아 2
– 수도 비엔나

헝가리를 떠나 오스트리아로 가는 길
광활한 들녘에 무리지어 서 있는 나무들
잿빛 하늘이 내려앉은 들녘을 가득 메운
하얀 풍력발전기가 바람개비처럼 온몸을 돌고 있다
동서 유럽이 교차하는 오스트리아
높이 솟은 남 탑과 북 탑 위에서 내려다 본 빈의 전망
빈의 상징인 모자이크 지붕의 고딕건물 성
슈테판 성당
모차르트의 화려한 결혼식과
초라한 장례식이 거행된 곳이다
아름다운 분수란 뜻인 왕가의 여름별장인
쉔브론 궁전
오스트리아의 역사와 황금기의 환희를 느낄 수 있는
아름다운 도시 비엔나 이곳에서.

오스트리아 3
– 짤츠부르크의 짤츠 캄머궂

비엔나를 떠나 짤츠부르크로 가다
거친 암반으로 이루어진 산과 호수
자연과 인간의 조화로운 모습 짤츠부르크
한쉬타트 소금마을과 소금의 성
알프스의 빙하가 녹아 만들어진
바다같이 넉넉한 옥빛 호수 짤츠캄머궂
'사운드 오브 뮤직' 의 배경도시인
아름다운 미라벨 궁전
사랑하는 여인을 위해 대주교가 세운
페라수스와 천마 조각상이 있는
사랑이 넘치는 아름다운 정원이다
높은 언덕에 보존된 웅장한 짤츠부르크 성의 그림자
하이든과 모짜르트가 쓰던 황금 홀의
파이프 오르간이 그대로 남아 있다
수많은 산들과 호수들이 어우러진
고지대의 아름다운 호수 짤츠 캄머궂에서.

달의 호수

잿빛 하늘이 내려앉은 높은 산봉우리
희뿌연 안개에 휩싸인 짤츠부르크로 가는 길
빗방울이 맺혀드는 차창으로 들어난 달의 호수
먼빛으로만 들은 달의 호수, 그를 만나다
가슴 뭉클하게 다가오는 호수와의 만남
순간에 지나쳐버린 더없는 아쉬움으로
달의 호수에 하염없이 빠져버린 날
흔들리는 마음 간신히 건져내어도
쉬이 내려둘 수 없었든 충격적인 감동
연푸른빛 감도는 분지를 지나서도
꿈을 꾸듯 잠시 헤어나지 못했다
큰 설렘을 준 달의 호수, 그와의
또다른 해후를 기다리며.

5
풍경소리 들리는 곳

풍경소리

풍경소리로 여는 산사의 아침이
숲과 바람의 소리로 뒤척이고 있다
마음의 소리와 고요를 얻게 하는 풍경소리
삶의 무게를 내려두게 하고
영혼을 일깨우는 청량한 울림
떠남도 머무름도 놓아버릴 수 있는
나를 찾아가는 수행과 지혜의 소리이다
햇살 그윽한 산사의 하오
풍경소리로 깨어나는 충만한 하루
마음 속 깊이에 메달아 둔
막힌 가슴을 뒤흔드는 영롱한 풍경소리
속진의 얼룩을 지워내고
오욕과 번뇌를 비워내는 청정의 울림이다.

마음이 쉬는 자리

마음을 비워내고 놓아버리면 편안하다
지니고 있었던 모든 것은
언젠가는 두고 떠나야함을 알기에
애착을 잘라내면 더없이 가벼워만 진다
모든 것은 내 것이 아니라는
소유에 대한 생각을 바꾸어 버리면
움켜쥐고 있던 욕망의 부피가 줄어들고
소유에 대한 애착에서도 조금은 물러서게 되리라
그런 욕심하나 거머잡지 못해 흔들린다면
아직도 마음을 내려두지 못함이리라
버거운 열망이 삶을 황폐하게 하기에
집착이 깊어지면 초라하고 구차해짐을 안다
욕심을 멈추고 놓아버린 자리
마음을 열어 비워내고 가벼이 살면
삶의 자리가 넉넉하고 편해지리라
잔잔하고 아름답게 고요히 머물고 싶다
마음이 머물고 쉬어가는 이 자리에서.

부석사의 무량수전

청량한 풍경소리 들리는 고즈넉한 부석사
하늘을 뒤덮은 황금터널 은행나무 길을 지나
아름다운 목조건물 부석사 무량수전을 만나다
자연풍광과 완벽한 조화의 배흘림기둥
마음을 씻어내는 가파른 돌계단 위의
범종루와 안양루에 이르니
아득히 멀어지는 소백산을 타고
펼쳐진 솟아오른 산봉우리들의 향연
그 장엄함이 극락과 화엄세계를 보는듯하다
일체가 모두이고 모두가 일체인 화엄의 경지를…
시원한 석간수 한 모금 들이키고
석조여래 친견하려 자인당에 오르니
스님의 목탁소리에 흩어지는 갈잎들의 난무
늦가을 출렁이는 아름다운 산사에서.

경주 반월성

새벽의 여명을 안고 반월성에 오르다
삶과 죽음이 떠올려지는 자리
신라의 역사와 흔적이 남아있는 성터
솔숲 사이로 왕릉의 고분들이 들어나고
왕들의 오랜 침묵과 무언의 대화가 있는 곳
들을 수없는 그 깊이를 가늠해 본다
반월성 돌고 돌아 월정교와 교촌이 내려다보이는
높은 산위에 오르면 절정의 아름다움들
찬란한 금빛으로 물든 나뭇잎 사이로
붉은 햇살이 고개를 디밀고 있다.

가야산 해인사

미명을 깨우는 범종소리와 북소리 들려오는
그림자 드리운 영지를 지나 일주문 들어서면
울창한 전나무 숲길 이어지고
나를 낮추고 버리는 시간의 문을 넘어
극락세계에 이르는 해탈 문에 이른다
냇물의 흐름 같은 청량한 독경소리에
마음에 드리운 잡다한 생각의 무게들이
가뿐히 비워짐을 본다
새벽을 밟고 대웅전 계단을 오르는
흐트러짐 없는 수행자의 모습에 숙연해지고
해인삼매에 잠긴 가람과 송림 숲들이
묵혀둔 화두 다시 품고 긴 명상에 잠겨 있다.

연꽃 1

호트러짐도 흔들림도 없는 고고함 그 자태
꽃잎 결마다 겹겹이 흐르는 단아함
감히 다가설 수 없는 숭고한 몸짓
진흙 속에서도 물들지 않는 고귀하고 청정한 모습
홀연히 이 땅으로 찾아들어 오염된 세상 씻겨내는
처염상정處染常淨의 꽃, 부용화
어두움에서도 빛이 되는 투명하고 결 고운 모습
곱디고운 선녀처럼 연분홍 옷자락 나부끼는
누구도 범접할 수 없는 품격을 지닌 아름다움
부드러운 자태로 고요히 머무는
선인의 향기 품어내는 정갈하고 눈부신 연꽃
무엇으로도 견줄 수 없는 눈부신 청정함이다
연꽃은.

다솔사

싱그러운 바람에 실려 오는 뻐꾸기 울음소리
흐르는 계곡물에 무더위 씻어내며
일주문 넘어 적멸보궁 들어서니
열반하신 모습 그대로 누워계신 와불 부처님
그윽한 눈길로 중생을 굽어보시는
수승하고 거룩한 모습의 불타
정진과 수행의 영롱한 결정체로 남겨진
신비롭고 불가사의한 신통력 지니신
몇 겁의 시간을 넘어
미혹한 중생을 위한 간절한 그 염원
석존의 고행을 떠올리며 절문 밖을 나서다.

충렬사 숲길에서

말끔히 씻긴 하늘이 감겨드는 하오
수양버들 긴 머리 풀어 내린 연못에
수초 속으로 자맥질하고 있는 금붕어들
물속 깊이 들어앉아 일렁이는 숲 그림자
산책로 지압 보도 길을 맨발로 걷는 사람들
왜적과 싸우다 의연하게 순절한 호국선열
그 영령을 모신 충렬사 사당 지나
충절과 학덕을 전하려 세운 안락서원
숭고한 자취 그 흔적 더듬으며
우거진 숲길을 바람처럼 휘돌았다
충렬사의 숲 그곳에서.

6

계절이 머무는 자리

풍경 그리고 비

비는 하염없이 쏟아지고
빗물에 흠뻑 잠겨버린 하루가
숨을 죽인 체 머리를 떨구고 있다
차창을 적시는 빗방울 너머
온몸을 출렁이는 초록빛 여울
미처 챙기지 못한 기억들이
서운함을 삼키며 울먹이고 있다
떨쳐내지 못한 날들이 비틀거리며
눅눅히 젖은 시간 사이로 다가서 온다
놓아버린 마음 다시금 추스르며
초록빛 풍경에 온몸 적시며 길을 간다
비 내리는 어느 푸른 날에.

봄빛 향기

봄이 내리는 날
아침을 흥건히 적시는 봄비는 싱그럽고 푸르다
창을 여니 젖은 바람이 맨 얼굴로 휘감기고
연초록 나뭇잎마다 매달리는 빗방울들
정적을 털어내며 다가오는 씻긴 하루
겨우내 움츠린 식물들의 태동소리
생명의 향기와 숨결을 들을 수 있어
살아있음의 행복과 싱그러움을 느낀다
향기를 지닌 사랑은 멀리 있어도
그리움과 설렘이기에
좋은 느낌으로 남을 수 있는 사람
봄빛같이 따스하고 그윽한 향훈을 지닌
그 향기를 누군가에게 전 할 수 있는 사람이고 싶다
나를 묶었던 아집과 욕망의 끈을 풀면
고요하고 충만해지리라
연륜의 깊이와 넓이만큼의 여유로움과 넉넉함으로
겸허한 성찰의 시간을 내 안에 담으리라
봄빛 향기 들려오는 어느 봄날에.

유월에 내리는 비

가랑비 내리는 유월의 잿빛 하늘
젖은 안개에 흠뻑 잠긴 하루
열차도 멈추지 않는 조치원역은
비에 갇혀 묵상에 잠기었다
축축이 젖어드는 초록물결 일렁이고
모심기 끝낸 파릇한 벼들이 융단처럼 부드럽다
덜 여문 푸른 알갱이를 매달고 있는 포도넝쿨
흰 모자 들러 쓴 배나무와 개망초 흐드러진 철로 변
기차 안을 오가는 판매원들의 투박한 외침도 정겨운 날
하늘은 짙푸른 눈물을 뚝뚝 흘리고
산은 녹빛 여울에 흠뻑 잠기었다
차창을 때리는 유월의 빗방울들이
보석처럼 영롱하고 눈부시다.

어느 여름날

바람 한 점 없는 날
뜨거운 열기에 숨을 몰아쉬며 온몸을 허덕이는 8월
줄줄이 흘러내리는 땀방울에 하루는 멍하니 주저앉아
가슴 안에 스미는 열기 다 들어내지 못하고
온몸을 뒤척이고 있다
어느 여름 바람 한 점 없는 날에.

여름

낮게 드리운 하늘이 빗물을 머금고 있다
성급한 가을의 발길에 멈칫거리는 여름
쉬이 놓아버리지 못한 늦더위를 껴안고
뒷걸음질하고 있다
나무 사이로 스며든 햇살 한줌
아쉬움에 뒤돌아 보며
두 손을 흔들어 주고 있다.

경주 덕동호수

호수의 물빛으로 깊어가는 늦가을
원효의 잔영이 일렁이는 덕동호수
옹기종기 모여 앉은 집들과
누렇게 익어가는 호박넝쿨들
가을빛으로 물드는 산골 마을
볏단을 옮기는 농부들과 아낙네의 모습이
더없이 정겹고 평화롭다
싱그러운 물빛 바람결 소리 들려오는
어스름에 잠긴 호숫가를 거닐면
갈잎 내리는 풍성한 계절의 깊이를 만나고
몸속으로 깊이 들어온 가을햇살이
온몸을 주홍색으로 물들이고 있다.

가을 길

가을 햇살 눈부신 날
황금빛으로 물들어 가는 시월
코스모스 가녀린 몸짓에 홀려 숨어든 가을 길
팔순 연을 맞은 어느 할머니의 푸근한 모습 같은
넉넉한 갈바람이 온몸을 열어놓고 우릴 반긴다
오래전 떠나가신 어머님이 그리워지는 하루
못다한 회한 가슴 깊이 아려오고
가슴에 품은 염원 기도와 발원으로 내려두신 어머니
시간이 가도 더욱 절절하고 보고픈 마음
풍성한 가을이 주는 시월의 바람에 일렁이는
가을 속으로 영글어가는 그리움들.

진달래 꽃불
– 금정산에서

긴 능선을 타고내린 봄빛 금정산을 물들이고
푸른 숲의 싱그러운 숨결 출렁이는 곳
향긋한 솔 내음 가슴으로 스며들고
마르지 않는 금빛 샘과 등나무 군락지
징검다리 건너선 바람은 봄 볕살 아래
진홍빛 물감 풀어내며
온몸을 고스란히 태우고 있다
봄빛 일렁이는 진달래 꽃 짐 위에
속내 들어내며 타오르는 진달래 꽃불
나른한 볕살아래 들뜬 마음 감추지 못해
금정산은 수줍게 얼굴을 붉히고 있다.

치자 꽃향기에

유월이면 들려오는 치자 꽃향기
느긋한 따사로움과 소박한 아름다움
폴리네시안 의 향기를 지닌 꽃
시간의 나이테를 거듭 오르내려도
오랜 기억의 뜰에 말갛게 살아있는 치자 꽃
수업 종의 울림도 까맣게 잊은 채
학교 담장 모퉁이 하얀 꽃송이에 홀려있었던 어린 날
바래진 날이 떨 구고 간 자리에
밀쳐 낼 수 없는 그리움으로 돋아난 꽃향기
아직도 가슴을 일렁이게 하는
내 안의 치자나무 한 그루
유월이면 다가서는 추억, 그 아련함들
바람으로 달려오는 지난날의 결 고운
치자 꽃 그 향기로움의 기억들.

늦가을 단풍

가을빛에 흠뻑 물들고 싶은 날
단풍처럼 붉게 익어가는 속내 들어내고
가슴에 담아둔 많은 이야기 온전히 풀어내고 편 날
단풍 그 깊이 속으로 간다
온몸을 태우는 황홀한 그 가을 속으로.

벚꽃 내리는 성지곡 수원지

벚꽃 흐드러진 4월
꽃비 되어 쏟아지는 성지곡 산책로
호수에 드러누운 꽃가지들의 찬란한 교태
연분홍 꽃빛에 취해 그의 품에 들다
아찔한 몸짓에 가슴 출렁이는 황홀함에 잠겨들고
녹빛 그림자 드리운 물속 깊이로 떠다니는 수초들
수많은 생물들의 서식처인 호수에
오리들의 찬란한 난무
울창한 편백나무 숲길을 가슴 풀어놓고 걸으면
온몸으로 휘감겨드는 푸른 나무들의 숨결
싱그러운 호흡소리, 초록빛 속삭임 들려오는
벚꽃 잎 흩어지는 성지곡 숲길에.

7
축시모음

꿈과 열망이 숨 쉬는 투명한 공간으로

– 한국 학생신문 창간에 부쳐

한해의 마무리와 새로운 해의 여명,
그 발돋움이 시작되는 날
투명하고 눈부신 미래를 가진
무한한 가능성과 뜨거운 열망이 넘치는 그들
꿈의 원천이며 희망의 나무인 청소년들
하늘의 높이와 세상의 넓이만큼
먼 여로를 쉼 없이 가야할 학생들
그들만을 위하여 열어놓은 늘 푸른 공간
'한국 학생신문' 그대는
미래의 꿈나무인 청소년 그들의 소리와
닫혀 진 그들의 가슴을 환희 열게 하시어
그들만이 낼 수 있는 싱그러운 숨결과
생명의 향기를 담으시고
어른들의 버거운 기대와 요구에
한껏 짓눌린 학생들이
움츠린 어깨를 펴고 당당히 나아갈 수 있게
힘을 주는 공간으로
겨우내 세찬 바람도 견디어 낼 수 있는
튼실한 바람막이로
꿈과 보람 그 자존감을 알게 하여 주시어

우리의 청소년들이 세상을 긍정적으로
바라볼 수 있는
맑고 따뜻한 시선을 지니고
누군가를 위한 사람으로 바르게 성장해 가도록
슬기로움과 지혜 그리고 분별력을
'한국 학생신문' 그대를 통하여 얻게 하소서
메마르고 삭막해져가는 세상 모두의 가슴속에
밝고 훈훈한 온기로
영원히 꺼지지 않고 타오르는 큰불 지피우소서
꿈과 열망이 머무는 지혜의 공간으로.

2006년 12월 22일

취임 축시 진리와 자비 그 불멸의 빛으로
- 서만진 태고종 종무원장 취임에 부쳐

싱그러운 초록 빛살 내리고
꽃망울 벙그는 아름다운 봄날
불가에 귀의한지 어언 40여 년의 오랜 세월
주지보살 어머님의 뒤를 이은 동진 출가로
부처님 도량인 오로지 부처님 안에서만 머물러온
그대 서만진 종무원장 스님
태고종 종무원이란 이름을 밀양지역에
오롯이 걸어두기 위해
함께 뜻을 모은 여러 스님들의 많은 노고와
뜨거운 열망
그리고 쉬임 없었던 소망과 간절한 발원으로
힘겹게 얻어낸 이 자리 경남 동부종무원
밀양 태고종도들의 서원이 담긴 이 공간
이제 그대는 많은 스님들의 수장으로
든든한 버팀목으로
모든 이들을 상생과 화합의 장으로 이끌어 내시고
그대 안에 담겨진 역량과 지혜로움으로
청정하고 튼실한 불법의 전당 만들어 가소서
재약산 영산재 범패소리처럼
그대가 가슴으로 막힘없이 쏟아내는

물빛 소리의 청량함 그 넉넉한 법음으로
미망 속에 허덕이는
이들의 닫혀진 마음을 열게 하시고
불법의 향기 곳곳으로 넘쳐 흐르게 하소서
모두의 마음속에 어둠을 밝히는 큰 등불 이루시고
흔들림 없는 불성의 물결 온 누리에 출렁이게 하소서
진리와 자비 그 무한한 불멸의 큰빛으로.

불기 2552년 4월에

열망과 그리움으로

– 재부밀양향우인의 밤에 부쳐

기억의 잔해를 떨구는 스산한 바람결에
한해의 갈무리가 시작되는 계절 12월
수많은 시간의 너울을 건너 묵묵히 지켜온
우리의 공간
재부밀양향우인들의 밤, 이 자리
고향을 향한 애틋한 그리움과 버릴 수 없는 애향심
그 뜨거운 열정과 열망으로 이어온 향우인들
창립 58주년, 어느덧 반세기를 넘어선 길고 먼 여정
뒤 돌아보면 수없이 명멸하고 사라져간
역사와 자취들
선배 지인들의 수많은 노고의 흔적이
고스란히 남아 있고
그 숨결이 살아 있는 재부 밀양 향우회
풋풋하고 질박한 정 넘치던 솔빛 향기 머무는
정겨운 고향
천혜의 자연과 문화유산이 있고 충효와 예절
학문을 숭상하는 밀양인들
그들의 투명한 숨결이 묵묵히 강물 되어 흐르는 곳,
밀양
밀양이라는 소리만으로도 마음 설레고

가슴 뭉클해지는
오로지 밀양인들 만이 느낄 수 있었던 벅찬 이 느낌
고향을 향한 뜨거운 감동이
강물 되어 출렁이는 우리 향우인들
시간의 디딤돌을 건너서면
미리벌 들녘 어디에선가 들려오는 아련한 외침
그 투명한 물빛 소리 들리어 오는 재부밀양향우회,
이 터전
그대 안의 열망과 꿈 그리고 깊은 지혜로움의
내포된 그 잠재력으로 힘찬 걸음 내딛어시어
우리 밀양인 모두의 가슴속에
서로를 다독이는 마음 열게 하시고
소망과 따뜻한 정이 흐르는
튼실한 공간 이루어 가소서
영원히 꺼지지 않는 불멸의 빛이 되어 주소서.

2009년 12월8일

소통과 상생의 창을 열고
– 밀양신문 임진년 새해에

혼돈과 격동의 한해가 멀어져간 자리에
온몸을 뒤척이며 용트림으로 달려온 여명의 빛살
임진년 새로운 해의 비상이 시작되는 날
떠나버린 지난 한해를 조용히 반추해보면
무심히 흘러 보낸 많은 시간과
아쉬움과 미진함으로 점철된 흔적을
다시금 돌아보게 된다
새해의 소망과 열정 가슴 가득 담고
힘찬 용의 기상 품어내며 다가온 해돋이,
그 황홀하고 찬란한 일출
온누리에 용기와 희망의 빛으로 밝히니
모든 이들의 삶의 자리가 편하고 넉넉함이 아니기에
힘겨움에 지친 사람들에게 힘과 용기를…
인성과 정이 메마른 이에게 따뜻하고 포근함으로
그들이 닫힌 마음을 열어 꿈과 용기를 지니게 하고
어제와 오늘을 지나면 더 나은 내일이 있듯이
고난과 버거운 여정의 긴 어둠을 거치면
밝아오는 미래의 벅찬 환희를 보게 되리니
임진년 새해에는
소통과 상생의 창을 열고 쉼 없는 열정과 지혜

무한한 가능성의 잠재력으로
모두의 가슴속에 서로를 다독이는 마음 열게 하고
맑고 진솔한 아름다운 심성 지니게 하소서
소망과 정이 흐르는 충만한 삶의 자리에서
풍성하고 복된 한해를 시작하게 하소서
영원히 꺼지지 않는 불멸의 밝은 빛 되소서.

2012년 1월 임진년 새해에

어둠을 밝히는 큰 빛으로

– 김세연 의원님 당선을 축하하며

봄빛 싱그럽고 눈부신 4월
더없이 찬란하고 충만한 오늘
어둠을 밝히는 빛처럼 찬란한 승리 이루어 냈으니
닫혀 있는 생각과 단절의 창을 열고 소통과 상생으로
낡은 틀을 뛰어넘는 개혁과 쇄신
실현하는 김세연 의원님
푸른 수목처럼 반듯하고 올곧은 성품의
언제나 몸을 낮추려는 겸손함과 진솔한 그 모습으로
주민을 위하고 지역과 나라를 위하여 변화 그 이상의
도전과 도약의 발걸음 망설임 없이 내딛어 가소서
멈추지 않는 그대 쉼 없는 행보로
주민들의 낮은 소리에도 귀 기울이시고
어둡고 후미진 곳 밝혀주는 투명한 빛이 되어
우리 모두의 소망과 꿈이 되어 주소서
국가와 국민을 위해 깊고 큰 뜻 펼쳐 가소서
거룩한 신념의 숭고한 그 품성으로.

2012년 4월 11일

시의 음률에 흐르는 눈부신 몸짓으로
– 시가람 낭송문학회 발자취와 낭송 100회를 기념하며

오랜 시간이 머물고 흐르는 자리, 이 공간
그 깊이에서 쉼 없이 길어 올린 열망으로
변함없는 인고의 시간을 이어온, 시가람 낭송문학회
10년의 발자국마다 담긴 역경과 환희가 공존한 시간들
가슴에 묻어둔 이야기와 진솔한 체험의 깊이는
절절하고 감동적인 시어가 되고
깊은 속내 들어내듯 시혼의 불길 가슴으로 토해내면
출렁이는 시의 음률은
푸른 강물 되어 곳곳으로 흐르리라
마음의 악보 낭송으로 그릴 수 있고 교감할 수 있기에
시인의 혼과 숨결이 살아 있듯이 가슴으로 풀어내며
시간과 공간을 넘어 시의 생명을 불어 넣을 수 있는
시가람 낭송문학회 그대는
메마르고 버거운 삶에 은은하고 그윽한 시의 향기로
아름다운 감성과 서정의 빛살 출렁이게 하소서
혼탁하고 각박해진 사회와 사람들의 마음에
따스한 온기 나누고 함께 소통하게 하소서
찬란한 시의 음률과 파동, 그 눈부신 몸짓으로.

2013년 1월에 11일

문화와 예술이 숨 쉬는 공간으로
- 금정문화 창간호에 부쳐

한해의 마무리와
새로운 해의 여명이 다가서 오는 계절
창립 4년여의 시간을 건너서 온
문화와 예술의 전당 금정문화원
지역을 위하고 시민들의 질적 향상 그 발돋움을 위한
금정문화원 그곳에는
금정산 푸른 숲의 향기로운 솔 내음이 있고
바람의 소망과 물의 유연함 그 슬기로움이 담겨 있다
숱한 어려움도 감내하며 묵묵한 의지로 다져낸 터전
그대 안의 여유 그 넉넉한 지혜로움으로
일상에 찌든 사람들의 마음에
감성의 물결 흐르게 하시고
침잠 되어 가는 문화의 향기 굽이치게 하소서
헤아리고 가늠할 수 없는 그대의 역량과 깊이로
삭막해져 가는 모두의 가슴에 불 지피고
일깨우는 지면으로
문화와 예술이 숨 쉬는 푸른 숲길 열어
메마른 마음 적셔주는 길잡이 되소서
우리들 문화인을 위한

아름다운 소망의 공간 만드시어
투명하고 튼실한 글밭 이루어 가소서.

아름답고 충만한 날에

– 변계선 여사님 산수연 傘壽을 축하드리며

눈부신 빛살에 나뭇잎 곱게 물들고
결실 영글어가는 시월
더없이 충만하고 아름다운 날
변계선卞癸先 여사님 산수연傘壽演이 자리
어머니란 소중한 그 이름으로
언제나 당당하고 올곧게 살아오신 분
다감하고 온화한 품성으로 그 넉넉함으로
여섯 남매를 고이 길러내신 그대 변계선卞癸先 여사님
사람의 도리와 지혜로움
그리고 사물의 이치를 깨닫게 해주시고
변함없는 사랑과 헌신, 한결 같은 그 가르침으로
사회에 반듯한 사람으로 모두 성장토록 하셨으니
자식 위한 깊고 큰 사랑 가슴에 품어 안고
온 마음 삭이고 다독이며 팔십여 년 인고의 세월을
묵묵히 걸어오신 변계선卞癸先 여사님
늘 사려 깊은 눈길과 따스한 헤아림으로
많은 세상살이 일깨워 주신
그대의 정갈하고 숭고한 자취
그대가 뿌린 씨앗은 푸른 나무 되고
튼실한 결실 영글었으니

이제는 모든 버거움 다 내려두시고
솔빛 향기로움 그윽한 복된 자리에서
오래도록 머무소서
강안하시고 행복한 여생 편히 누리소서.

2011년 신묘년 음력 10월 1일

아름답고 고귀한 인연으로

– 아들 결혼에 부쳐 (큰아들 김은석, 며느리 김현미)

귀하고 고운 인연으로 머무는 이 자리
너희들이 함께 가야 할 길 위에
아름답고 눈부신 신랑과 신부의 모습이구나
사랑하는 내 아이들아
성실하고 듬직하게 자라준 아들 은석이
착하고 곱게 커서 우리 곁으로 와준 며느리 현미야
더없이 반듯하고 고운 너희를 보며
가슴 떨리도록 고맙고 뿌듯한 마음이란다
함께 만들어 가야만 할 보금자리
행복과 꿈이 머무는 푸른 둥지 그 안에서
더할 수 없이 고귀하고 아름다운 인연 엮어내어
서로 다른 두개의 몸이지만 연리지 나무같이
이제는 하나의 운명으로 동행해야 할 것이니라
사랑하는 내 아이들아
가족이 된다는 것은 서로가 참고 견디는 것이며
서로의 사랑이 되어 등을 내어주고 아픔도 다독이며
따뜻한 시선으로 바라보고
같은 길을 걸어가야만 하리라
더운 날에는 싱그러운 바람이 되고
추운 날에는 서로의 따뜻함이 되어 포근히 감싸주어

야 하리라
딸 같은 사랑스런 며느리가 될 것이라는 그 말이
지혜롭고 현명한 아내가 되고 싶다는 너의 그 마음이
며느리 아가야
내게는 더없이 예쁘고 고마울 뿐이란다
너희들이 선택한 고운 사랑과 무엇으로도 견줄 수없
는 소중한 인연
지금의 이 마음 언제나 기억하고 가슴 깊이 담아두어
야만 하리라
영원히 변치 않을 사랑과 깊은 헤아림으로.

2008년 12월14일 결혼을 축하하며 엄마가

소중하고 아름다운 사랑과 인연

– 신랑 이건우군과 신부 김민희양의 결혼을 축하하며

그리움과 기다림의 오랜 시간을 건너 맺어진
무엇으로도 견줄 수 없는 그대들의 고귀한 사랑
아름답고 소중한 인연으로 두 마음 함께 한
더없이 듬직하고 고운 신랑 신부여
한 사람을 사랑하고 함께 한다는 것은
이 세상 모두를 받아들이는 것이고
서로의 운명 속으로 기꺼이 걸어가는 것이며
부모와 가족들도
소중히 가슴에 품을 수 있어야만 하리라
무수히 많은 사람들 중에서 선택한 두 사람의 인연
함께이기에 더욱 귀하고 행복한
신랑과 신부인 그대들
다른 두 몸이었지만 이제는 하나의 몸이 되는
연리지連理枝 사랑처럼
언제나 포근하고 정겨운 가슴이 되어주고
서로 배려하고 위로를 주는
따뜻한 사랑이어야만 하리라
부부, 찬란하고 든든한 그 이름으로
어떤 힘겨움에도 서로 마주잡은 손 놓지 않고
변하지 않을 사랑과 지혜로운 동행이 되어

한 곳을 바라보고 영원히 함께 걸어가야만 하리라
두 사람이 가는 길에 밝고 찬란한 햇살 가득하고
축복과 소망의 둥지,
행복하고 튼실하게 가꾸어 가소서
고귀한 인연, 아름다운 사랑의 힘으로.

2011년 12월 17일

아름답고 소중한 인연

– 신랑 이희승군과 신부 심영단양의 결혼을 축하하며

소중하고 고운 인연으로 맺어진
오랜 설렘과 기다림으로 함께한 신랑 신부여
그대들이 만들어 가야할 행복과 소망의 둥지,
그 안에서
더할 수 없이 고귀하고 아름다운 인연 엮어내어
서로 다른 두 몸이지만 연리지처럼
하나의 운명이 되어
따뜻한 시선 마주하며 같은 길을 가야만 하리라
가족이 된다는 것은 서로 참고 견디는 것이며
서로의 부모와 가족도
소중히 가슴에 담을 수 있어야 하리라
무수히 많은 사람들 중에서 선택한 두 사람의 인연
서로의 사랑이 되어 등을 내어주고
배려하고 다독이며
서로의 온기로 포근하게 감싸주어야만 하리라
함께이기에 더욱 귀하고 행복한 신랑 신부인 그대들
어떤 힘겨움에도 서로 마주잡은 손 놓지 말고
변하지 않을 사랑과 지혜로운 동행이 되어
같은 곳을 바라보고 함께 걸어가야만 하리라
부부, 아름답고 든든한 그 이름으로

그대들의 사랑과 인연,
지금의 이 마음 영원히 기억하고
가슴깊이 고이 담아두어야만 하리라
두 사람이 가는 길에 밝고 영롱한 빛 가득하고
꿈의 보금자리, 행복하고 튼실하게 가꾸어 가소서
아름다운 인연, 그 깊은 사랑의 힘으로.

2012년 2월 4일 아름다운 날에

기억, 숨 쉬는 흔적

인쇄일 | 2014년 1월 10일
발행일 | 2014년 1월 15일

지은이 | 장기연
펴낸이 | 박철수
펴낸곳 | 도서출판 해암

등록번호 · 제325-2001-000007호
부산시 중구 동광동 3가 15-5 삼성빌딩 702호
TEL. 051)254-2260, 2261
FAX. 051)246-1895
E-mail. haeambook@hanmail.net

값 10,000원

ISBN : 978-89-6649-043-1 03810